AF542241

SGANARELLE
OU
LE COCU IMAGINAIRE.
COMEDIE.

Avec les Argumens de chaque Scene.

Suivant la Copie imprimée

A PARIS.

CIↃ IↃCLXII.

LE COCU IMAGINAIRE.

A MONSIEUR DE MOLIER,

Chef de la Trouppe des Comediens de Monsieur Frere Unique du Roy.

MONSIEUR,

M'Ayant esté voir vostre charmante Comedie du Cocu Imaginaire, la premiere fois qu'elle fit paroistre ses beautez au public, elle me parut si admirable, que je crus, que ce n'estoit pas rendre justice à un si merveilleux Ouvrage, que de ne le voir qu'une fois, ce que m'y fit rencontrer cinq ou six autres; & comme on retient assez facilement les choses qui frappent vivement l'imagination, j'eus le bon-heur de la retenir entiere, sans aucun dessein premedité, & je m'en apperçeus d'une maniere assez extraordinaire. Un jour m'estant trouvé dans une assez celebre compagnie, où l'on s'entretenoit, & de vostre esprit & du genie particulier que vous avez pour les Pieçes de Theâtre, je coulay mon sentiment parmy celuy des autres, & pour encherir par dessus ce qu'on disoit à vostre advantage, je voulus faire le recit de vostre Cocu Imaginaire: mais je fus bien surpris, quand je vis, qu'à cent Vers prés je sçavois la pieçe par cœur, & qu'au lieu du sujet, je les avois tous recitez, cela m'y fist retourner encor une fois, pour achever de retenir ce que je n'en avois pas. Aussi-tost un Gentil-homme de la Campagne de mes amis, extraordinairement curieux de ces sortes d'Ouvrages, m'escrivit & me pria de luy mander, ce que c'estoit que le Cocu Imaginaire, parce que, disoit-il, il n'avoit point veu de Pieçe, dont le titre promist rien de si spirituel, si elle estoit traittée par un habile homme. Je luy envoyay aussi-tost la Pieçe, que j'avois retenuë, pour luy montrer qu'il ne s'estoit pas trompé, & comme il ne l'avoit poin

 veuë

veuë representer, je crus à propos de luy envoyer les Argumens de chaque Scene, pour luy montrer, que quoy que cette Pieçe fust admirable, l'Autheur en la representant luy mesme y sçavoit encore faire découvrir de nouvelles beautez. Je n'oubliay pas de luy mander expressement, & mesme de le conjurer de n'en laisser rien sortir de ses mains; cependant sans sçavoir comment cela s'est fait, j'en ay veu courir huict ou dix coppies en cette Ville, & j'ay sçeu que quantité de gens estoient prests de la faire mettre sous la presse; ce qui m'a mis dans une colere d'autant plus grande, que la pluspart de ceux qui ont décrit cét Ouvrage, l'ont tellement defiguré, soit en y adjoutant, soit en y diminüant, que je ne l'ay pas trouvé reconnoissable: & comme il y alloit de vostre gloire & de la mienne, que l'on ne l'imprimast pas de la sorte, à cause des vers que vous avez faits, & de la prose que j'y ay adjoustée, j'ay crû qu'il falloit aller au devant de ces Messieurs, qui impriment les gens malgré qu'ils en ayent, & donner une coppie qui fut correcte (je puis parler ainsi, puis que je croy que vous trouverez vostre Pieçe dans les formes) j'ay pourtant combatu long-temps avant que de la donner, mais enfin j'ay veu, que c'estoit une necessité que nous fussions imprimé, & je m'y suis resolu d'autant plus volontiers, que j'ay veu que cela ne vous pouvoit apporter aucun dommage, non plus qu'à vostre Trouppe, puisque vostre Pieçe a este joüée pres de cinquante fois. Je suis.

MONSIEUR,

Vostre tres-humble Seviteur ***

A UN

A UN AMY.

MONSIEUR,

Vous ne vous estes pas trompé dans vostre pensée, lors que vous avez dit (avant que l'on le joüast) que si *Le Cocu Imaginaire* estoit traitté par un habile homme, se devoit estre une parfaitement belle Pieçe : C'est pourquoy je croy qu'il ne me sera pas difficile de vous faire tomber d'accord de la beauté de cette Comedie, mesme avant que de l'avoir veuë, quand je vous auray dit qu'elle part de la plume de l'ingenieux Autheur des Pretieuses Ridicules. Jugez apres cela, si se ne doit pas estre un Ouvrage tout à fait galand, & tout à fait spirituel, puisque se sont deux choses que son Autheur possede avantageusement. Elles y brillent aussi avec tãt d'éclat, que cette Pieçe surpasse de beaucoup toutes celles qu'il a faites, quoy que le suiet des Pretieuses Ridicules soit tout à fait spirituel, & celuy de son Dépit Amoureux tout à fait galand. Mais vous en allez vous-mesme estre juge dés que vous l'aurez leuë, & je suis asseuré que vous y trouverez quantité de Vers qui ne se peuvent payer, que plus vous relirez, plus vous connoistrez avoir esté profondément pensez. En effect le sens en est si mysterieux qu'il ne peut partir que d'un homme consommé dans les Compagnies, & j'ose mesme advancer que *Sganarelle* n'a aucun mouvement jaloux, ny ne pousse aucuns sentimens, que l'Autheur n'ayt peut-estre ouïs luy-mesme de quantité de gens au plus fort de leur jalousie, tant ils sont exprimez naturellement ; si-bien que l'on peut dire, que quand il veut mettre quelque chose au jour, il le lit premierement dans le monde (s'il est permis de parler ainsi) ce qui ne se peut faire sans avoir un discernement aussi bon que luy, & aussi propre à choisir ce qui plaist. On ne doit donc pas s'estonner apres cela, si ses Pieçes ont une si extraordinaire reüssite, puisque l'on n'y voit rien de forcé que tout y est naturel, que tout y tombe sous le sens,

& qu'enfin les plus spirituels confessent, que les passions produiroient en eux les mesmes effects, qu'ils produisent en ceux, qu'il introduit sur la Scene.

Je n'aurois jamais fait, si je pretendois vous dire tout ce qui rend recommandable l'Autheur des Pretieuses Ridicules, & du Cocu Imaginaire: C'est ce qui fait, que je ne vous entretiendray pas davantage, pour vous dire que quelques beautez, que cette Pieçe vous fasse voir sur le Pappier, elle n'a pas encore tous les agremens, que le Theâtre donne d'ordinaire à ces sortes d'Ouvrages. Je tascheray toutefois de vous en faire voir quelque chose aux endroits où il sera necessaire pour l'intelligence des Vers & du sujet, quoy qu'il soit assez difficile de bien exprimer sur le pappier, ce que les Poëtes appellent Jeux de Theâtre, qui sont de certains endroits, où il faut que le corps & le visage jouënt beaucoup, & qui dépendent plus du Comedien que du Poëte, consistant presque tousiours dans l'action. C'est pourquoy je vous conseille de venir à Paris, pour voir representer le *Cocu Imaginaire* par son Autheur, & vous verrez, qu'il y fait des choses, qui ne vous donneront pas moins d'admiration, que vous aura donné la Lecture de cette Pieçe ; mais je ne m'apperçoy pas que je vous viens de promettre, de ne vous plus entretenir de l'esprit de cet Autheur ; puisque vous en découvrirez plus dans les Vers que vous allez lire, que dans tous les discours que je vous en pourrois faire. Je sçay bien que je vous ennuye & je m'imagine vous voir passer les yeux avec chagrin par dessus cette longue Epistre, mais prenez-vous en à l'Autheur. .... Je voudrois bien eviter ce mot d' Autheur; car je croy qu'il se rencontre presque dans chaque ligne, & j'ay desia esté tenté plus de six fois de mettre Monsieur de Molier en sa place. Prenez vous en donc à Monsieur de Molier, puisque le voilà. Non laissez-le là toutefois, & ne vous en prenez donc qu'à son esprit, qui m'a fait faire une lettre plus longue, que je n'aurois voulu, sans toutefois avoir parlé d'autres personnes que de luy, & sans avoir

dit

dit le quart de ce que j'avois à dire à ſon advantage. Mais je finis, de peur que cette Epiſtre n'attire quelque maudiſſon ſur elle, & je gage que dans l'impatiençe où vous eſtes, vous ſerez bien aiſe d'en voir la fin & le commencement de cette Pieçe.

ACTEURS.

GORGIBUS, Bourgeois de Paris.

CELIE, sa Fille.

LELIE, Amant de Celie.

GROS-RENE', Valet de Lelie.

SGANARELLE, Bourgeois de Paris, & Cocu imaginaire.

SA FEMME.

VILLEBREQUIN Pere de Valere.

LA SUIVANTE de Celie.

UN PARENT de Sganarelle.

La Scene est à Paris.

SGANARELLE
OU
LE COCU IMAGINAIRE.
COMEDIE.

SCENE PREMIERE.

GORGIBUS, CELIE, la SUIVANTE.

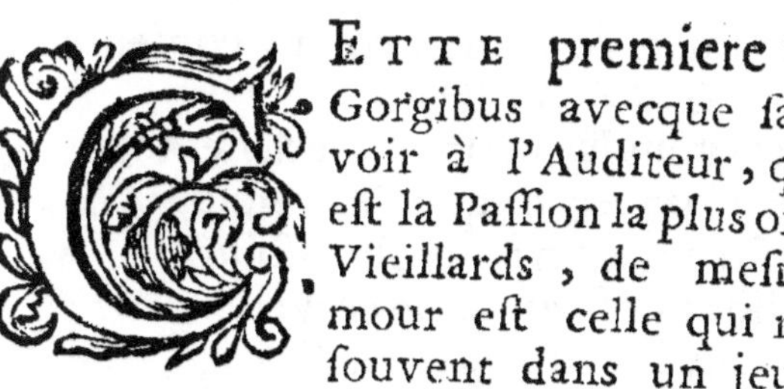

ETTE premiere Scene, où Gorgibus avecque sa fille, fait voir à l'Auditeur, que l'Avarice est la Passion la plus ordinaire aux Vieillards, de mesme que l'Amour est celle qui regne le plus souvent dans un jeune cœur & principalement dans celuy d'une fille; car l'on y voit Gorgibus malgré le choix qu'il avoit fait de Lelie pour son Gendre, presser sa fille d'agréer un autre Espoux nommé Valere, incomparablement plus mal fait que Lelie, sans donner d'autre raison de ce changement, sinon que le dernier est plus riche. L'on void d'un autre costé, que l'amour ne sort pas facilement du cœur d'une fille, quand unefois il en à sçeu prendre: c'est ce qui fait un agreable combat dans cette Scene entre le Pere & la Fille, le Pere luy voulant persuader qu'il faut estre obeyssante, & luy proposant pour la devenir, au lieu de la lecture de Clelie,

celle

celle de quelques vieux Livres, qui marquent l'antiquité du bō barbare, si l'on en comparoit le style à celuy des ouvrages de l'illustre Sapho. Mais que tout ce que son pere luy dit la touche peu, elle abandonneroit volontiers la lecture de toutes sortes de livres, pour s'occuper à repasser sans cesse en son esprit les belles qualitez de son Amant, & les plaisirs dont joüissent deux personnes qui se marient, quand ils s'ayment mutuellement; mais las! que ce cruel pere luy donne sujet d'avoir bien de plus tristes pensées : il la presse si-fort que cette fille affligée n'a plus de recours qu'aux larmes, qui sont les armes ordinaires de son sexe; qui ne sont pas toutefois assez puissantes pour vaincre l'avarice de cet insensible pere, qui la laisse toute éplorée. Voicy les vers de cette Scene, qui vous feront voir ce que je vous viens de dire, mieux que je n'ay fait dans cette Prose.

CELIE *sortant toute esplorée, & son pere la suivant.*

Ah! n'esperez jamais, que mon cœur y consente.

GORGIBUS.

Que marmottez-vous là, petite impertinente,
Vous pretendez choquer, ce que j'ay resolu,
Je n'auray pas sur vous un pouvoir absolu,
Et par sottes raisons vostre jeunne cervelle
Voudroit regler icy la raison paternelle?
Qui de nous deux à l'autre a droit de faire loy,
A vostre advis qui mieux ou de vous ou de moy,
O sotte, peut juger ce qui vous est utile?
Par la corbleu, gardez d'échauffer trop ma bile,
Vous pourriez esprouver sans beaucoup de longueur,
Si mon bras sçait encor montrer quelque vigueur,
Vostre plus court sera, Madame la mutine,
D'accepter sans façons l'Espoux qu'on vous destine.
J'ignore, dites-vous, de quelle humeur il est,
Et dois auparavant consulter s'il vous plaist.
Informe du grand bien qui luy tombe en partage.

Doy-

Doy-je prendre le soin d'en sçavoir davantage?
Et cet espoux ayant vingt mille bons Ducats,
Pour estre aimé de vous, doit-il manquer d'appas?
Allez, tel qu'il puisse estre avecque cette somme
Je vous suis caution, qu'il est tres honneste homme.

CELIE.

Helas!

GORGIBUS.

Et bien helas! que veut dire cecy?
Voyez le bel helas! qu'elle nous donne icy.
He! que si la colere une fois me transporte,
Je vous feray chanter helas de bonne sorte,
Voila, voilà, le fruit de ces empressemens,
Qu'on vous voit nuit & jour à lire vos Romans;
De colibets d'amour vostre teste est remplie,
Et vous parlez de Dieu, bien moins que de Clelie,
Jettez-moy dans le feu tous ces mechans écrits,
Qui gastent tous les jours tant de jeunnes esprits:
Lisez-moy comme il faut, au lieu de ces sornettes,
Les Quatrains de Pibrac, & les doctes tablettes
Du Conseiller Matthieu, ouvrage de valeur,
Et plein de beaux dictions à reciter par cœur:
Le guide des pecheurs est encor un bon Livre,
C'est là qu'en peu de temps on apprend à bien vivre,
Et si vous n'aviez leu que ces Moralitez,
Vous sçauriez un peu mieux suivre mes volontez.

CELIE.

Quoy, vous pretendez donc, mon pere, que j'oublie
La constante amitié, que je dois à Lelie!
J'aurois tort si sans vous je disposois de moy,
Mais vous-méme à ses vœux engageastes ma foy.

GORGIBUS.

Luy fust-elle engagée encore davantage,
Un autre est survenu dont le bien l'en dégage:
Lelie est fort bien fait; mais apprends qu'il n'est rien,
Qui ne doive ceder au soin d'avoir du bien.

Que l'or donne aux plus laids certain charme pour plaire,
Et que sans luy le reste est une triste affaire,
Valere, je croy bien, n'est pas de toy chery ;
Mais s'il ne l'est amant il le sera mary,
Plus que l'on ne le croit ce nom d'époux engage,
Et l'amour est souvent un fruit du mariage,
Mais suis-je pas bien fat de vouloir raisonner
Où de droit absolu j'ay pouvoir d'ordonner.
Treve donc je vous prie à vos impertinences,
Que je n'entende plus vos sottes doleances,
Ce gendre doit venir vous visiter ce soir,
Manquez un peu, manquez à le bien recevoir,
Si je ne vous luy vois faire fort bon visage,
Je vous .... je ne veux pas en dire davantage.

SCENE II.

CELIE, LA SUIVANTE.

QUi comparera cette seconde Scene à la premiere, confessera d'abord que l'Autheur de cette Pieçe a un genie tout particulier pour lés Ouvrages de Theâtre, & qu'il est du tout impossible que ses pieçes ne reüssissent pas, tant il sçait bien de quelle maniere il faut attacher l'esprit de l'Auditeur. En effect nous voyons qu'apres avoir fait voir dans la Scene precedente, un pere pedagogue, qui tasche de persuader à sa fille, que la richesse est preferable à l'amour, il fait parler dans celle cy (afin de divertir l'auditeur par la varieté de la matiere) une vefve suivante de Celie, & confidente toute ensemble, qui s'estonne de quoy sa Maistresse répond par des larmes à des offres d'hymen, & apres avoir dit qu'elle ne feroit pas de mesme, si l'on la vouloit marier, elle trouve moyen de décrire toutes les douceurs du mariage, ce qu'elle execute si bien, qu'elle en fait naistre l'envie à celles qui n'en ont pas tasté. Sa maistresse, comme font d'ordinaire celles qui n'ont jamais esté mariées, l'escoute avec attention, & ne recule le

temps

temps de joüir de ses douceurs, que par ce qu'elle les veut gouster avec Lelie, qu'elle aime parfaitement, & qu'elles se changent toutes en amertume, lors que l'on les gouste avec une personne que l'on n'aime pas, c'est pourquoy elle montre à sa Suivante le portrait de Lelie, pour la faire tomber d'accord de la bonne mine de ce galand & du sujet qu'elle a de l'aimer. Vous m'objecterez peut-estre que cette fille le doit connoistre, puis quelle demeure avecque Celie & que son pere l'ayant promise à Lelie, cet amant estoit souvent venu voir sa maistresse; mais je vous répondray que Lelie estoit à la Campagne devant qu'elle demeurast avec elle, apres cette disgression, pour la justification de nostre Autheur, voyons quels effects ce portrait produit. Celle qui peu auparavant disoit qu'il ne falloit jamais rejetter des offres d'hymen, advouë que Celie a sujet d'aimer tendrement un homme si bien fait, & Celie songeant qu'elle sera peut estre contrainte d'en espouser un autre, s'évanoüit: sa Confidente appelle du secours. Cependant qu'il en viendra, vous pouvez lire ces Vers, qui vous le feront attendre sans impatience.

LA SUIVANTE.

Quoy, refuser Madame avec cette rigueur,
Ce que tant d'autres gens voudroient de tout leur cœur?
A des offres d'hymen répondre par des larmes,
Et tarder tant à dire un ouy si plein de charmes?
Helas! que ne veut-on aussi me marier?
Ce ne seroit pas moy qui se feroit prier,
Et loin qu'un pareil ouy me donna de la peine,
Croyez que j'en dirois bien viste une douzaine:
Le Precepteur qui fait repeter la leçon
A vostre jeune frere, à fort bonne raison,
Lors que nous discourant des choses de la terre
Il dit que la famelle est ainsi que le lierre,
Qui croist beau tant qu'à l'arbre il se tient bien serré,
Et ne profite point s'il en est separé:

Je

Il n'eſt rien de plus vray, ma tres-chere Maiſtreſſe,
Et je l'eſprouve en moy chetive pechereſſe,
Le bon Dieu faſſe paix à mon pauvre Martin;
Mais j'avois luy vivant le teint d'un Cherubin,
l'Embonpoint merveilleux, l'œil guay, l'ame contente,
Et je ſuis maintenant ma commere dolente,
Pendant cet heureux temps paſſé comme un éclair,
Je me couchois ſans feu dans le fort de l'hyver,
Seicher meſme les draps me ſembloit ridicule,
Et je tremble à preſent dedans la Canicule;
Enfin il n'eſt rien tel, Madame croyez-moy,
Que d'avoir un mary la nuit aupres de ſoy,
Ne fuſſe que pour l'heur d'avoir qui vous ſaluë,
d'Un Dieu vous ſoit en aide, alors qu'on éternuë

CELIE.

Peux-tu me conſeiller de commettre un forfait,
d'Abandonner Lelie, & prendre ce mal fait?

LA SUIVANTE.

Voſtre Lelie auſſi n'eſt ma foy qu'une beſte,
Puiſque ſi hors de temps ſon voyage l'arreſte,
Et la grande longueur de ſon eſloignement
Me le fait ſoupçonner de quelque changement

CELIE, *luy montrant le portraict de Lelie.*

Ah! ne m'accable point par ce triſte preſage,
Vois attentivement les traicts de ce viſage:
Ils jurent à mon cœur d'eternelles ardeurs,
Je veux croire apres tout qu'ils ne ſont pas menteurs;
Et comme c'eſt celuy que l'art y repreſente,
Il conſerve à mes feux une amitié conſtante.

LA SUIVANTE.

Il eſt vray que ces traits marquent un digne amant,
Et que vous avez lieu de l'aimer tendrement.

CELIE *laiſſant tomber le portraict de Lelie.*

Et cependant il faut... ah! ſouſtiens-moy.

LA SUIVANTE.

Madame,
d'Où vous pourroit venir... ah! bons Dieux elle paſme.
He! viſte, hola! quelqu'un,

SCE-

SCENE III.

CELIE, LA SUIVANTE, SGANARELLE.

CEtte Scene est fort courte, & Sganarelle, comme un des plus proches voisins de Celie, accourt aux cris de cette Suivante, qui luy donne sa Maistresse à soustenir, cependant qu'elle va chercher encore du secours d'un autre costé, comme vous pouvez voir par ce qui suit.

SGANARELLE.

Qu'est-ce donc, me voilà.

LA SUIVANTE.

Ma Maistresse se meurt.

SGANARELLE.

Quoy! ce n'est que cela:
Je croyois tout perdu de crier de la sorte;
Mais approchons un peu, Madame, estes-vous morte?
Hays, elle ne dit mot.

LA SUIVANTE.

Je vais faire venir
Quelqu'un pour l'emporter, vueillez la soûtenir.

SCENE IV.

CELIE, SGANARELLE, SA FEMME.

CEtte Scene n'est pas plus longue que la precedente, & la Femme de Sganarelle regardant par la fenestre, prend de la jalousie de son mary, à qui elle void tenir une Femme entre ses bras & descend pour le surprendre, cependant qu'il aide à r'emporter Celie chez elle. Ce que vous pourrez voir en lisant ces Vers.

SGANARELLE *en luy passant la main sur le sein.*

ELle est froide par tout, & je ne sçay qu'en dire:
Approchons-nous pour voir si sa bouche respire:

Ma

Ma foy, je ne sçay pas, mais j'y trouve encor moy
Quelque signe de vie.

LA FEMME *de Sganarelle regardant par la fenestre.*

Ah! qu'est-ce que je voy?
Mon mary dans ses bras .... mais je m'en vais descendre,
Il me trahit sans doute & je veux le surprendre.

SGANARELLE.

Il faut se depescher de l'aller secourir,
Certes elle auroit tort de se laisser mourir,
Aller en l'autre monde est tres-grande sottise,
Tant que dans celuy-cy l'on peut-estre demise.

Il l'emporte avec un homme que la Suivante ameine.

SCENE IV.

LA FEMME DE SGANARELLE *seule.*

L'Autheur, qui comme nous avons dit cy dessus, sçait tout à fait bien mesnager l'esprit de son auditeur, apres l'avoir diverty dans les deux precedentes Scenes, dont la beauté consiste presque toute dans l'action, l'attache dans celle-cy par un raisonnement si juste que l'on ne pourra qu'à peine se l'imaginer, si l'on en considere la matiere; mais il n'appartient qu'à des plumes, cõme la sienne, à faire beaucoup de peu, & voicy pour satisfaire vostre curiosité le sujet de cette Scene. La femme de Sganarelle estant descenduë, & n'ayant point trouvé son mary fait éclatter sa jalousie, mais d'une maniere si surprenante & si extraordinaire, que quoy que cette matiere ait esté fort souvent rebatuë, jamais personne ne l'a traittée avec tant de succez, d'une maniere si contraire à celle de toutes les autres Femmes, qui n'ont recours qu'aux emportemens en de semblables recontres, & comme il m'a esté presque impossible de vous l'exprimer aussi-bien que luy. Ces vers vous en feront connoistre la beauté.

LA

LA FEMME DE SGANARELLE *seule.*

Il s'est subitement esloigné de ces lieux,
Et sa suitte a trompé mon desir curieux;
Mais de sa trahison je ne fais plus de doute,
Et le peu que j'ay veu me la découvre toute.
Je ne m'estonne plus de l'estrange froideur
Dont je le voy répondre à ma pudique ardeur
Il reserve l'ingrat ses carresses à d'autres,
Et nourit leurs plaisirs par le jeune des nostres:
Voilà de nos maris le procedé commun,
Ce qui leur est permis leur devient importun,
Dans les commencemens se sont toutes merveilles;
Ils témoignent pour nous des ardeurs nompareilles:
Mais les traistres bien-tost se lassent de nos feux
Et portent autre part ce qu'ils doivent chez eux:
Ah! que j'ay de depit que la loy n'authorise,
A changer de mary comme on fait de chemise
Cela seroit commode, & j'en sçay tel icy
Qui comme moy ma foy, le voudroit bien aussi.

En ramassant le portraict que Celie avoit laissé tomber.

Mais quel est ce bijou que le sort me presente?
L'émail en est fort beau la graveure chermante,
Ouvrons.

SCENE V.

SGANARELLE ET SA FEMME.

QUelques beautez que l'autheur ait fait voir dans la Scene precedente, ne croyez pas qu'il soit de ceux qui souvent apres un beau debut donnent (pour parler vulgairement du nez en terre) puisque plus vous advancerez dans la lecture de cette Piece, plus vous y découvrirez de beautez & pour en estre persuade, il ne faut que jetter les yeux sur cette Scene, qui en fait le fondement. Celie en s'évanoüissant, ayant laissé tomber le portraict de sont Amant, la femme de Sganarelle le ramasse, & comme elle le considere attentivement, son mary ayant aidé à reporter Celie chez elle, rentre sur la Scene, & regardede par dessus l'épaulle de sa Femme, ce qu'elle considere, & voyant ce portraict, commence d'entrer en quelque sorte de jalousie, lors que sa Femme s'advise de le sentir, ce qui confirme ces soupçons dans la pensée qu'il a qu'elle le baise, mais il ne doute bien-tost plus qu'il est de la grande Confrairie, quand il entend dire à sa Femme qu'elle souhaitteroit d'avoir un Espoux d'une aussi bonne mine: c'est alors qu'en la surprenant il luy arrache ce portraict. Mais devant que de parler des discours qu'ils tiennent ensemble sur le sujet de leur jalousie, il est à propos de vous dire, qu'il ne s'est jamais rien veu de si agreable que les postures de Sganarelle, quand il est derriere sa femme, son visage, & ses gestes expriment si bien sa jalousie, qu'il ne seroit pas necessaire qu'il parlast, pour paroistre le plus jaloux de tous les hommes: Il reproche à sa femme son infidelitè, & tasche à la persuader, qu'elle est d'autant plus coupable, qu'elle a un mary qui (soit pour les qualitez du corps, soit pour celles de l'esprit) est entierement parfait. Sa Femme qui d'un autre costé croit avoir autant & plus de sujet que luy d'avoir Martel en teste, s'emporte contre luy en luy redemandant son bijou; tellement que chacun croyant avoir raison, cette dispute donne un agreable divertissement à l'auditeur, à quoy Sganarelle contribuë beaucoup par des gestes qui sont inimitables, & qui ne se peuvent exprimer sur le Pappier. Sa Femme estant lasse d'oüir ses reproches, luy arrache le portraict qu'il luy avoit pris & s'enfuit, & Sganarelle court apres elle. Vous auriez suiet de me quereller, si je ne vous envoyois pas les vers d'une Scene qui fait le fondement de cette Pieçe, c'est pourquoy je satisfaits à vostre curiosité.

SGANARELLE.

On la croyoit morte & ce n'estoit rien,
Il n'en faut plus qu'autant elle se porte bien;
Mais j'apperçoy ma Femme.

SA FEMME.

O Ciel! c'est mignature,

Et

Et voilà d'un bel homme une vive peinture.

SGANARELLE *à part, & regardant sur l'espaule de sa femme.*

Que considere-t'elle avec attention ?
Ce portrait mon honneur ne vous dit rien de bon,
D'un fort vilain soupçon je me sens l'ame emeuë.

SA FEMME *sans l'apperçevoir continuë.*

Iamais rien de plus beau ne s'offrit à ma veuë,
Le travail plus que l'or s'en doit encor priser :
Hon que cela sent bon.

SGANARELLE *à part.*

Quoy ! peste le baiser ?
Ah ! j'en tiens.

SA FEMME *poursuit.*

Advoüons qu'on doit estre ravie,
Quand d'un homme ainsi fait on se peut voir servie,
Et que s'il en contoit avec attention,
Le penchant seroit grand à la tentation,
Ah ! que n'ay-je un mary d'une aussi bonne mine,
Au lieu de mon pelé, de mon rustre.

SGANARELLE *luy arrachant le portraict.*

Ah ! matine,
Nous vous y surprenons en faute contre nous,
En diffamant l'honneur de vostre cher Espoux ;
Donc à vostre calcul, ô ma trop digne femme,
Monsieur tout bien conté ne vaut pas bien madame,
Et de par Belzebut qui vous puisse emporter,
Quel plus rare party pourriez-vous souhaiter ;
Peut-on trouver en moy quelque chose à redire ?
Cette taille, ce port que tout le monde admire,
Ce visage si propre à donner de l'amour,
Pour qui mille beautez soûpirent nuit & jour,
Bref, en tout & par tout ma personne charmante
N'est donc pas un morceau, dont vous soyes contẽte ?
Et pour rassasier vostre appetit gourmand
Il faut à son mary le ragoust d'un galand.

SA FEMME.

J'entends à demy mot où va la raillerie ;
Tu crois par ce moyen....

SGANARELLE.

A d'autres je vous prie,
La chose est averée & je tiens dans mes mains
Un bon certificat du mal dont je me plains.

SA FEMME.

Mon couroux n'a desia que trop de violence
Sans le charger encor d'une nouvelle offence,
Escoute, ne croy pas retenir mon bijou,
Et songe un peu ...

SGANARELLE.

Je songe à te rompre le cou.
Que ne puis-je aussi bien que je tiens la coppie
Tenir l'original.

SA FEMME.

Pourquoy.

SGANARELLE.

Pour rien m'amie,
Doux obiet de mes vœux, j'ay grand tort de crier,
Et mon front de vos dons vous doit remercier.

Regardant le portraict de Lelie.

Le voilà le beau fils le mignon de couchette
Le mal-heureux tison de ta flame secrette,
Le drole avec lequel ...

SA FEMME.

Avec lequel, poursuis.

SGANARELLE.

Avec lequel te dis-je ... & j'en creve d'ennuis.

SA FEMME.

Que me veux donc par là conter ce maistre yvrogne?

SGANARELLE.

Tu ne m'entends que trop Madame la carogne,
Sganarelle est un nom qu'on ne me dira plus,
Et l'on va m'appeller Seigneur Córneilius,
J'en suis pour mon honneur, mais à toy qui me l'ostes,
Je t'en feray du moins pour un bras ou deux costes.

SA FEMME.

Et tu m'oses tenir de semblables discours?

SGANARELLE.

Et tu m'oses joüer de ces Diables de tours?

SA FEMME.

Et quels diables de tours, parle donc sans riẽ feindre.

SGANARELLE.

Ah! cela ne vaut pas la peine de se plaindre,
D'un panache de Cerf sur le front me pourvoir!
Helas! voila vrayment un beau venez y voir.

SA FEMME.

Donc apres m'avoir fait la plus sensible offence
Qui puisse d'une femme exciter la vengeance,
Tu prends d'un feint couroux le vain amusement
Pour prevenir l'effect de mon ressentiment,
D'un pareil procedé l'insolence est nouvelle,
Celuy qui fait l'offence est celuy qui querelle.

SGANARELLE.

Ah! la bonne effrontée, à voir ce fier maintien
Ne la croiroit-on pas une femme de bien.

SA FEMME.

Va poursuis ton chemin cajolle tes maistresses,
Adresse leur tes vœux & fay-leur des caresses;
Mais rends moy mon portraict sans te joüer de moy.

Elle luy arrache le portraict & s'enfuit.

SGANARELLE *courant apres elle.*

Ouy, tu crois m'échapper, je l'auray malgré toy.

SCENE VII.

LELIE, GROS-RENE'.

LElie avoit desia trop causé de trouble dans l'esprit de tous nos acteurs, pour ne pas venir faire paroistre les siens sur la Scene. En effet il n'y arrive pas plustost que l'on void la tristesse peinte sur son visage. Il fait voir que de la campagne où il estoit, il s'est rendu au plustost à Paris, sur le bruit de l'Hymen de Celie. Comme il est tout nouvellement arrivé son valet le presse d'aller manger un morceau devant que d'aller apprendre des nouvelles de sa Maistresse, mais il n'y veut pas consentir & voyant que son valet l'importune, il l'envoye manger, cependant qu'il va chercher à se délasser des fatigues de son voy-

voyage auprés de sa Maistresse. Remarquez s'il vous plaist ce que cette Scene contient, & je vous feray voir en un autre endroit que l'Autheur a infiniment de l'esprit de l'avoir placée si à propos, & pour vous en mieux faire ressouvenir, en voicy les Vers.

GROS-RENE'.

Enfin nous y voicy, mais Monsieur, si je l'ose,
Ie voudrois vous prier de me dire une chose.

LELIE.

He bien ! parle.

GROS-RENE'.

Avez-vous le diable dans le corps,
Pour ne pas succomber à de pareils efforts ?
Depuis huit jours entiers avec vos longues traites,
Nous sommes a piquer de chiennes de mazettes,
De qui le train maudit nous a tant secoüez,
Que je m'en sens pour moy tous les membres roüez.
Sans prejudice encor d'un accident bien pire,
Qui m'afflige un endroit, que je ne veux pas dire;
Cependant arrivé vous sortez bien & beau
Sans prendre de repos, ny manger un morceau.
Ce grand empressement n'est point digne de blâme,
De l'hymen de Celie on alarme mon ame :
Tu sçais que je l'adore, & je veux estre instruit,
Avant tout autre soin de ce funeste bruit.

GROS-RENE'.

Ouy, mais un bon repas vous seroit necessaire,
Pour s'aller éclaircir, Monsieur de cette affaire,
Et vôtre cœur sans doute en deviendroit plus fort,
Pour pouvoir resister aux attaques du sort;
J'en juge par moy-méme & la moindre disgrace
Lors que je suis à jeun, me saisit, me terrace;
Mais quand j'ay bien mangé mon ame est ferme à tout,
Et les plus grands revers n'en viendroient pas à bout,
Croyez-moy, bourrez-vous, & sans reserve aucune,
Contre les coups que peut vous porter la fortune ?
Et pour fermer chez vous l'entrée à la douleur,
De vingt verres de vin entourez vostre cœur.

LELIE.

LELIE.

Je ne sçaurois manger.

GROS-RENE'. *à part ce demy Vers.*

Si feray bien moy, je meure;
Vôtre disné pourtant seroit prest tout à l'heure :

LELIE.

Tay-toy, je te l'ordonne.

GROS-RENE'.

Ah! quel ordre inhumain.

LELIE.

J'ay de l'inquietude, & non pas de la faim.

GROS-RENE'.

Et moy j'ay de la faim & de l'inquietude,
De voir qu'un sot amour fait toute vôtre estude.

LELIE.

Laisse-moy m'informer de l'objet de mes vœux,
Et sans m'importuner va manger si tu veux.

GROS-RENE'.

Je ne replique point à ce qu'un Maistre ordonne.

SCENE VIII.

LELIE. *seul.*

JE ne vous diray rien de cette Scene, puis qu'elle ne contient que ces trois Vers.

LELIE. *seul.*

Non, non, à trop de peur mon ame s'abandonne,
Le pere m'a promis, & la fille a fait voir
Des preuves d'un amour, qui soustient mon espoir.

SCENE IX.

SGANARELLE, LELIE.

C'Est icy que l'Autheur fait voir, qu'il ne sçait pas moins bien representer une pieçe, qu'il la sçait composer; puisque l'on ne vit jamais rien de si-bien joüé, que cette Scene. Sganarelle ayant arraché à sa Femme le Portraict, qu'elle luy venoit de reprendre, vient pour le considerer à loisir, lors que Lelie, voyant que cette boitte ressembloit fort à celle où estoit le portraict qu'il avoit donné à sa Maistresse, s'approche de luy pour le regarder par dessus son epaule : tellement que Sganarelle voyant qu'il n'a pas le loisir de considerer ce portraict, comme il le voudroit bien, & que de quelque costé qu'il se puisse tourner, il est obsedé par Lelie : Et Lelie enfin de son costé ne doutant plus que ce ne soit son portraict, & impatient de sçavoir de qui Sganarelle peut l'avoir eu, s'enquerre de luy comment il est tombé entre ses mains. Ce desir estonne Sganarelle : mais sa surprise cesse bien-tost, lors qu'apres avoir bien examiné ce portraict, il reconnoist que c'est celuy de Lelie. Il luy dit, qu'il sçait bien le soucy qui le tient, qu'il connoist bien que c'est son portraict, & le prie de cesser un amour qu'un mary peut trouver fort mauvais. Lelie luy demande s'il est Mary de celle qui conservoit ce gage. Sganarelle luy dit qu'ouy, & qu'il en est Mary tres-marry, qu'il en sçait bien la cause & qu'il va sur l'heure l'apprendre aux Parens de sa Femme. Et moy cependant je m'en vay vous apprendre les vers de cette Scene. Il faut que vous preniez garde qu'un agreable mal-entendu est ce qui fait la beauté de cette Scene, & que subsistant pendant le reste de la piece, entre les quatre principaux Acteurs, qui sont Sganarelle, sa femme, Lelie & sa Maistresse, qui ne s'entendent pas, il divertit merveilleusement l'auditeur, sans fatiguer son esprit, tant il naist naturellement, & tant sa conduite est admirable dans cette pieçe.

SGANARELLE.

Nous l'avons, & je puis voir à l'aise la trogne,
Du mal-heureux pendard qui cause ma vergogne:
Il ne m'est point connu

LELIE *à part.*

Dieux! qu'apperçoy-je icy?
Et si c'est mon portraict que doy-je croire aussi?

SGANARELLE *continue.*

Ah! pauvre Sganarelle, à quelle destinée
Ta reputation est-elle condamnée?

Apper-

Apperçevant Lelie qui le regarde, il se retourne d'un autre costé.

Faut.....

LELIE *à part.*

Ce gage ne peut sans allarmer ma foy
Estre sorty des mains qui le tenoit de moy.

SGANARELLE.

Faut-il que desormais à deux doigts l'on te montre,
Qu'on te mette en Chansons, & qu'en toute rencontre,
On te rejette au nez le scandaleux affront
Qu'une femme mal née imprime sur ton front?

LELIE *à part.*

Me trompay-je?

SGANARELLE.

Ah! trüande as tu bien le courage
De m'avoir fait Cocu dans la fleur de mon âge?
Et femme d'un mary qui peut passer pour beau,
Faut il qu'un marmouset un maudit étourneau.

LELIE *à part, & regardant encor son portraict.*

Je ne m'abuse point, c'est mon portraict luy-méme.

SGANARELLE *luy retourne le dos.*

Cet homme est curieux.

LELIE *à part.*

Ma surprise est extréme.

SGANARELLE.

A qui donc en a-t'il?

LELIE *à part.*

Je le veux accoster.
Puis-je... *haut.* he! de grace un mot.

SGANARELLE *le suit encore.*

Que me veut-il conter?

LELIE.

Puis-je obtenir de vous de sçavoir l'avanture,
Qui fait dedans vos mains trouver cette peinture?

SGANARELLE *à part, & examinant le portraict qu'il tient, & Lelie.*

D'où luy vient ce desir? mais je m'avise icy.
Ah! ma foy me voilà de son trouble éclaircy,
Sa surprise à present n'estonne plus mon ame,
C'est mon homme, ou plustost c'est celuy de ma femme.

LELIE.

Nous sçavons, Dieu mercy, le soucy qui vous tient.
Ce portraict qui vous fasche est vostre ressemblance,
Il estoit en des mains de vostre connoissance,
Et ce n'est pas un fait qui soit secret pour nous,
Que les douces ardeurs de la Dame & de vous:
Je ne sçay pas si j'ay dans sa galanterie
l'Honneur d'estre connû de vostre seigneurie;
Mais faites-moy celuy de cesser desormais,
Un amour qu'un Mary peut trouver fort mauvais,
Et songez que les nœuds du sacré mariage.

LELIE.

Quoy, celle dites-vous dont vous tenez ce gage?

SGANARELLE.

Est ma femme, & je suis son Mary.

LELIE.

Son Mary!

SGANARELLE.

Ouy son Mary, vous dis-je, & mary tres-marry,
Vous en sçavez la cause, & je m'en vais l'apprendre
Sur l'heure à ses parens.

SCENE X.

LELIE *seul.*

LElie se plaint fort dans cette Scene de l'infidelité de sa Maistresse, & l'outrage qu'elle luy fait, ne l'abbattant pas moins, que les longs travaux de son voyage, le fait tomber en foiblesse. Plusieurs ont assez ridiculement repris cette Scene, sans avoir (pour justifier leur impertinence) autre chose à dire, sinon que l'infidelité d'une Maistresse n'estoit pas capable de faire évanoüir un homme. D'autres ont dit encor que cét évanoüissement estoit mal placé, & que l'on voyoit bien que l'Autheur ne s'en estoit servy que pour faire naistre l'incident, qui paroist en suitte. Mais je répondray en deux mots aux uns & aux autres, & je dis d'abord aux premiers, qu'ils n'ont pas bien consideré, que l'autheur avoit preparé cét incident long-temps devant, & que l'infidelité de la Maistresse de Lelie, n'est pas seule la cause de son évanoüissement, qu'il en a encor deux puissantes raisons, dont l'une est les longs & penibles travaux d'un voyage de huit jours, qu'il avoit fait en poste, & l'autre qu'il n'avoit point mangé depuis son arrivée, comme l'Autheur l'a decouvert cy-devant aux Auditeurs, en faisant que Gros-rené le presse d'aller manger un morceau, afin de pouvoir resister aux attaques du sort, & c'est pour cela que je vous ay prié de remarquer la Scene qu'ils font ensemble, tellement qu'il n'est pas impossible qu'un homme qui arrive d'un long voyage, qui n'a point mangé depuis son arrivée, & qui apprend l'infidelité d'une Maistresse, s'evanoüisse. Voilà ce que j'ay à dire aux premiers censeurs de cet incident miraculeux. Pour ce qui regarde les seconds, quoy qu'ils paroissent le reprendre avec plus de justice, je les confondray encore plustost, & pour commencer à leur faire voir leur ignorance, je veux leur accorder que l'Autheur n'a fait évanoüir Lelie que pour donner lieu à l'incident, qui suit; mais ne doivent-ils pas sçavoir que quand un Autheur a un bel incident à inserer dans une Pieçe, s'il trouve des moyens vray-semblables pour les faire naistre, il en doit d'autant estre plus estimé, que la chose est beaucoup difficile, & qu'au contraire s'il ne le fait paroistre que par des moyens erronez & tirez par la queuë, il doit passer pour un ignorant, puisque c'est une des qualitez la plus necessaire à un Autheur, que de sçavoir inventer avec une vraye-semblance; c'est pourquoy puis qu'il y a tant de possibilité & de vraye-semblance dans l'évanoüissement de Lelie, que l'on pourroit dire qu'il estoit absolument necessaire qu'il s'esvanoüist, puis qu'il auroit paru peu amoureux, si estant arrivé

 à Paà Paris il s'estoit allé amuser à manger, au lieu d'aller trouver sa Maistresse : Ils condamnent des choses qu'ils devroient estimer, puisque la conduite de cet incident avec toutes les preparations necessaires, fait voir, que l'Autheur pense meurement à ce qu'il fait, & que rien ne se peut égaler à la solidité de son esprit. Voilà quelle est ma pensée là dessus, & pour vous montrer que les raisons que j'ay apportées sont vrayes, vous n'avez qu'à lire ces vers.

LELIE *seul.*

Ah! que vien-je d'entendre;
L'on me l'avoit bien dit, & que c'estoit de tous,
l'Homme le plus mal fait qu'elle avoit pour espoux.
Eh! quand mille sermens de ta bouche infidelle,
Ne m'auroit pas promis une flâme eternelle,
Le seul mépris d'un choix si bas & si honteux,
Devoit bien soustenir l'interest de mes feux,
Ingrate, & quelque bien.. mais ce sensible outrage
Se meslant aux travaux d'un assez long voyage,
Me donne tort à coup un choc si violent,
Que mon cœur devient foible, & mon corps chancelant.

SCENE XI.

LELIE. LA FEMME DE SGANARELLE.

VOyons, si quelqu'un n'aura point de pitié de ce pauvre Amãt, qui tombe en foiblesse. La femme de Sganarelle en colere contre son Mary, de ce qu'il luy avoit emporté le bijou qu'elle avoit trouvé, sort de chez elle, & voyant Lelie qui commençoit à s'évanouir, le fait entrer dans sa salle, en attendant que son mal se passe. Jugez apres les transports de la jalousie de Sganarelle, de l'effect que cet incident doit produire, & s'il fut jamais rien de mieux imaginé. Vous pourrez lire les Vers de cette Scene, cependant que j'iray voir si Sganarelle a trouvé quelques uns des parents de sa Femme.

LA FEMME *de Sganarelle se tournant vers Lelie.*

Malgré moy mon perfide... helas! quel mal vous presse?

Je

Je vous voy prest, Monsieur à tomber en foiblesse.

LELIE.

c'Est un mal qui m'a pris assez subitement.

LA FEMME *de Sganarelle.*

Je crains icy pour vous l'évanoüissement,
Entrez dans cette salle en attendant qu'il passe.

LELIE.

Pour un moment ou deux j'accepte cette grace.

SCENE XII.

SGANARELLE & le PARENT de sa FEMME.

IL faudroit avoir le Pinceau de Poussin, le Brun & Mignard, pour vous representer avec quelle posture Sganarelle se fait admirer dans cette Scene, où il paroist avec un Parent de sa femme. l'On n'a jamais veu tenir de discours si naïfs, ny paroistre avec un visage si niais, & l'on ne doit pas moins admirer l'Autheur pour avoir fait cette pieçe, que pour la maniere dont il la represente. Jamais personne ne sçeut si-bien démonter son visage, & l'on peut dire, que dedans cette Pieçe, il en change plus de vingt fois; mais comme c'est un divertissement que vous ne pouves avoir, à moins que de venir à Paris voir representer cet incomparable Ouvrage, je ne vous en diray pas davantage, pour passer aux choses, dont je puis plus aisément vous faire part. Ce bon vieillard remontre à Sganarelle que le trop de promptitude expose souvent à l'erreur, que tout ce qui regarde l'honneur est deliçat: en suitte il luy dit, qu'il s'informe mieux comment ce portraict est tombé entre les mains de sa Femme, & que s'il se trouve qu'elle soit criminelle, il sera le premier à punir son offence. Il se retire apres cela. Comme je n'ay pû dans cette Scene vous envoyer le portrait du visage de Sganarelle, en voicy les Vers.

LE PARENT.

d'Un Mary sur ce point j'approuve le soucy,
Mais c'est prendre la chevre un peu bien viste aussi,
Et tout ce que de vous je viens d'oüir contr'elle,

Ne conclut point Parent qu'elle soit criminelle,
C'est un point delicat & de pareils forfaits
Sans les bien averer ne s'imputent jamais.

SGANARELLE.

C'est à dire, qu'il faut toucher au doigt la chose.

LE PARENT.

Le trop de promptitude à l'erreur nous expose,
Qui sçait comme en ses mains ce portraict est venu,
Et si l'homme apres tout luy peut estre connu,
Informez-vous en donc, & si c'est ce qu'on pense,
Nous serons les premiers à punir son offence.

SCENE XIII.

SGANARELLE seul.

SGanarelle, pour ne point démentir son Caractere, qui fait voir un Homme facile à prendre toutes sortes d'impressions, croit facilement ce que le bon homme luy dit, & commence à se persuader, qu'il s'est trop tost mis dans la teste des visions cornuës, lors que Lelie sortant de chez luy avec sa femme qui le conduit, le fait de nouveau rentrer en jalousie. Les vers qu'il dit dans cette Scene vous feront mieux voir son caractere, que je ne vous l'ay dépeint.

SGANARELLE.

On ne peut pas mieux dire, en effect il est bon
D'aller tout doucement. Peut-estre sans raison
Me suis-je en teste mis ces visions cornuës,
Et les sueurs au front m'en sont trop-tost venuës:
Par ce portraict enfin dont je suis allarmé,
Mon des-honneur n'est pas tout à fait confirmé:
Taschons donc par nos soins. . .

SCENE XIV.

SGANARELLE, sa FEMME, LELIE *sur la porte de Sganarelle, en parlant à sa Femme.*

JE ne vous diray rien de cette Scene, & je vous laisse juger par ces vers de la surprise de Sganarelle.

SGA-

SGANARELLE poursuit.

Ah! que voy-je, je meure,
Il n'est plus question de portraict à cette heure,
Voicy ma foy la chose en propre original.

LA FEMME de Sganarelle à Lelie.

C'est par trop vous hâter, Monsieur, & vôtre mal,
Si vous sortez si-tost, pourra bien vous reprendre.

LELIE.

Non, non, je vous rends graces autant qu'on puisse rendre.
De l'obligeant secours que vous m'avez presté.

SGANARELLE à part.

La masque encor apres luy fait civilité.

SCENE XV.

SGANARELLE, LELIE.

LElie donne sans y penser le change à Sganarelle dans cette Scene, & ne le surprend pas moins que l'autre a tantost fait, en luy disant qu'il tenoit son portraict des mains de sa Femme. Pour mieux juger de la surprise de Sganarelle, vous pouvez lire ces Vers, dont le dernier est placé si à propos, que jamais Piece entiere n'a fait tant d'éclat que ce vers seul.

SGANARELLE à part.

Il m'apperçoit, voyons ce qu'il me pourra dire.

LELIE à part.

Ah! mon ame s'émeut & cet object m'inspire,
Mais je doy condamner cet injuste transport,
Et n'imputer mes maux qu'aux rigueurs de mon sort.
Envions seulement le bon-heur de sa flâme,
O! trop heureux d'avoir une si belle Femme.

Passant auprés de luy & le regardant.

SCENE XVI.

SGANARELLE, CELIE, *regardant aller Lelie.*

L'On peut dire que cette Scene en contient deux, puisq; Sganarelle fait une espece de Monoloque, pendant que Celie qui avoit veu sortir son Amant d'avec luy le conduit des yeux, jusqu'à ce qu'elle l'ait perdu de veuë pour voir si elle ne s'est point trompée. Sganarelle de son costé regarde aussi en aller Lelie, & fait voir le dépit qu'il a de ne luy avoir pas fait insulte, apres l'asseurance qu'il croit avoir d'estre Cocu de luy. Celie luy ayant laissé jetter la plus grande partie de son feu, s'en approche, pour luy demander, si celuy qui luy vient de parler, ne luy est pas connu; mais il luy répond avec sa naifveté ordinaire, que c'est sa Femme qui le connoist, & decouvre peu à peu, mais d'une maniere tout à fait agreable, que Lelie le deshonore. c'Est icy que l'equivoque divertit merveilleusement l'Auditeur, puisque Celie detestant la perfidie de son amant, jettant feu & flâmes contre luy, & sortant à dessein de s'en vanger. Sganarelle croit qu'elle prend sa deffence, & qu'elle ne court à dessein de le punir que pour l'amour de luy. Comme les Vers de cette Scene donnent à l'auditeur un plaisir extraordinaire, il ne seroit pas juste de vous priver de ce contentement, c'est pourquoy en jettant les yeux sur les lignes suivantes, vous pourrez reconnoistre que l'Autheur sçait parfaitement bien conduire un equivoq;.

SGANARELLE *sans voir Celie.*

Ce n'est point s'expliquer en termes ambigus.
Cet estrange propos me rend aussi confus,
Que s'il m'estoit venu des cornes à la teste.

Il se tourne du costé que Lelie s'en vint d'en aller.

Allez, ce procedé n'est point du tout honneste.

CELIE *à part.*

Quoy, Lelie a paru tout à l'heure à mes jeux,
Qui pourroit me cacher son retour en ces lieux?

SGANARELLE *poursuit.*

O! trop heureux d'avoir une si belle femme,
Malheureux bien plûtost de l'avoir cet infame.

Celie approche peu à peu de luy, & attend que son transport soit finy pour luy parler.

Dont le coupable feu trop bien verifié,
Sans respect ny demy nous a cocufié;
Mais je le laisse aller apres un tel indice,

Et

Et demeure les bras croisez comme un locrice.
Ah ! je devois du moins luy jetter son chapeau,
Luy rüer quelque pierre, ou crotter son manteau,
Et sur luy hautement, pour contenter ma rage,
Faire au l'honneur crier le voisinage.

CELIE.

Celuy qui maintenant devers vous est venu,
Et qui vous a parlé, d'où vous est-il connu ?

SGANARELLE.

Helas ! ce n'est pas moy qui le connoy, Madame,
C'est ma femme.

CELIE.

Quel trouble agite ainsi vostre ame ?

SGANARELLE.

Ne me condamnez point d'un deüil hors de saison,
Et laissez-moy pousser des soûpirs à foison.

CELIE.

d'Où vous peuvent venir ces douleurs non communes ?

SGANARELLE.

Si je suis afligé, ce n'est pas pour des prunes,
Et je le donnerois à bien d'autre qu'à moy
De se voir sans chagrin au point où je me voy:
Des maris mal-heureux vous voyes le modelle,
On dérobe l'honneur au pauvre Sganarelle;
Mais c'est peu que l'honneur dans mon affliction,
l'On me dérobe encor la reputation.

CELIE.

Comment ?

SGANARELLE.

Ce Damoiseau parlant par reverençe,
Me fait cocu, Madame, avec toute licence,
Et j'ay sçeu par mes yeux averer aujourd'huy
Le commerce secret de ma femme & de luy.

CELIE.

Celuy qui maintenant. . . .

SGANARELLE.

Ouy, ouy, me deshonore,
Il adore ma femme, & ma femme l'adore.

CELIE.

Ah! j'avois bien jugé que ce secret retour
Ne pouvoit me courir que quelque lâche tour,
Et j'ay tremblé d'abord en le voyant parestre
Par un pressentiment de ce qui devoit estre.

SGANARELLE.

Vous prenez ma deffence avec trop de bonté,
Tout le monde n'a pas la méme charité,
Et plusieurs qui tantost ont appris mon martire,
Bien loin d'y prendre part, n'en ont rien fait que rire.

CELIE.

Est-il rien de plus noir que ta lasche action ?
Et peut-on luy trouver une punition ?
Dois-tu ne te pas croire indigne de la vie
Apres t'estre soüillé de cette perfidie ?
O Ciel ! est-il possible ?

SGANARELLE.

Il est trop vray pour moy.

CELIE.

Ah! traistre, scelerat, ame double & sans foy.

SGANARELLE.

La bonne ame.

CELIE.

Non, non, l'enfer n'a point de gesne
Qui ne soit pour ton crime une trop douce peine.

SGANARELLE.

Que voilà bien parler.

CELIE.

Avoir ainsi traitté,
Et la mesme innocence, & la mesme bonté.

SGANARELLE *soûspire haut.*

Hay !

CELIE.

Un cœur qui jamais n'a fait la moindre chose,
A merité l'affront où ton mépris l'expose.

SGANARELLE.

Il est vray.

CELIE.

Qui bien loin, mais c'est trop, & ce cœur
Ne sçauroit y songer sans mourir de douleur.

SGA

SGANARELLE.

Ne vous fâchez pas tant ma tres-chere, Madame,
Mon mal vous touche trop & vous me percez l'am e.

CELIE.

Mais ne t'abuſe pas juſqu'à te figurer,
Qu'à des plaintes ſans fruit j'en vueille demeurer,
Mon cœur pour ſe vanger ſçait ce qu'il te faut faire,
Et j'y cours de ce pas, rien ne m'en peut diſtraire.

SCENE XVII.

SGANARELLE *ſeul.*

SI j'avois tantoſt beſoin de ces excellens Peintres; que je vous ay nommez pour vous dépeindre le viſage de Sganarelle, j'aurois maintenant beſoin & de leur pinceau, & de la plume des plus excellens Orateurs pour vous décrire cette Scene. Jamais il ne ſe vit rien de plus beau, jamais rien de mieux joüé, & jamais Vers ne furent ſi generalement eſtimez. Sganarelle joüe ſeul cette Scene repaſſant dans ſon eſprit tout ce que l'on peur dire d'un Cocu, & les raiſons, pour leſquelles il ne s'en doit pas mettre en peine, s'en démeſle ſi-bien, que ſon raiſonnement pourroit en un beſoin conſoler ceux qui ſont de ce nombre. Je vous envoye les Vers de cette Scene, afin que ſi vous connoiſſez quelqu'un à voſtre pays qui ſoit de la Confrairie dont Sganarelle le croit eſtre: vous le puiſſiez par là retirer de la melancolie, où il penſoit eſtre plongé.

SGANARELLE *ſeul.*

Que le Ciel la preſerve à jamais de danger,
Voyez quelle bonté de vouloir me vanger,
En effet ſon couroux qu'excite ma diſgrace,
M'enſeigne hautement ce qu'il faut que je faſſe,
Et l'on ne doit jamais ſouffrir ſans dire mot
De ſemblables affronts, a moins qu'eſtre un vray ſot,
Courons donc le chercher cependant qui m'affronte,
Montrons noſtre courage à vanger nôtre honte;
Vous apprendrez marouflé à rire à nos dépens
Et ſans aucun reſpect faire cocu les gens,

Il se retourne ayant fait trois ou quatre pas.

Doucement s'il vous plaist, cét homme a bien la mine
d'Avoir le sang boüillant, & l'ame un peu mutine,
Il pourroit bien mettant affront dessus affront
Charger de bois mon dos, comme il a fait mon front;
Je hay de tout mon cœur les esprits coleriques,
Et porte grand amour aux hommes pacifiques:
Je ne suis point battant de peur d'estre battu,
Et l'honneur debonnaire est ma grande vertu;
Mais mon honneur me dit que d'une telle offence
Il faut absolument que je prenne vengeance.
Ma foy laissons-le dire autant qu'il luy plaira,
Au diantre qui pourtant rien du tout en fera,
Quãd j'auray fait le brave, & qu'un fer pour ma peine
M'aura d'un vilain coup transpercé la bedaine,
Que par la ville ira le bruit de mon trespas,
Dites-moy mon honneur en serez-vous plus gras?
La bierre est un sejour par trop melancolique,
Et trop mal sein pour ceux qui craignent la colique,
Et quant à moy je trouve ayant tout compassé,
Qu'il vaut mieux estre encor Cocu que trepassé:
Quel mal cela fait-il? la jambe en devient-elle
Plus tortuë apres tout, & la taille moins belle;
Peste soit qui premier trouva l'invention,
De s'affliger l'esprit de cette vision,
Et d'attacher l'honneur de l'homme le plus sage,
Aux choses que peut faire une femme volage.
Puis qu'on tient à bon droit tout crime personnel,
Que fait là nostre honneur pour estre criminel,
Des actions d'autruy l'on nous donne le blâme;
Si nos femmes sans nous ont un commerce infâme,
Il faut que tout le mal tombe sur nostre dos,
Elles font la sottise, & nous sommes les sots,
C'est un vilain abus, & les gens de police
Nous devroient bien regler une telle injustice,
N'avons-nous pas assez des autres accidents?
Qui nous viennent happer en dépit de nos dents,
Les querelles, procez, faim, soif & maladie,
Troublent-ils pas assez le repos de la vie?
Sans s'aller de surcroist aviser sottement

De

De se faire un chagrin qui n'a nul fondement,
Mocquons-nous de cela, mesprisons les allarmes,
Et mettons sour nos pieds les souspirs & les larmes:
Si ma femme a failly, qu'elle pleure bien fort;
Mais pourquoy moy pleurer, puisq; je n'ay point tort,
En tout cas ce qui peut m'oster ma fascherie,
C'est que je ne suis pas seul de ma Confrairie,
Voir cajoller sa femme & n'en témoigner rien,
Se pratique aujourd'huy par force gens de bien;
N'allons donc point chercher à faire une querelle,
Pour un affront qui n'est que pure bagatelle,
l'On m'appellera sot de ne me vanger pas;
Mais je le serois fort de courir au trépas,

Mettant la main sur son estomach.

Je me sens là pourtant remüer une bile,
Qui veut me conseiller quelque action virile,
Ouy, le courroux me prend, c'est trop estre poltron,
Je veux resolument me vanger du Larron,
Desia pour commencer dans l'ardeur qui m'enflâme,
Je vay dire par tout qu'il couche avec ma femme.

Advoüez-moy maintenant la verité, est-il pas vray, Monsieur, que vous avez trouvé ces vers tout à fait beaux, que vous ne vous estes pû empescher de les relire encore une fois, & que vous demeurez d'accord que Paris a eu raison de nommer cette Scene la belle Scene.

SCENE XVIII.

GORGIBUS, CELIE, la SUIVANTE.

CElie n'ayant point trouvé de moyen plus propre pour punir son amant, que d'épouser Valere, dit à son Pere, qu'elle est preste de suivre en tout ses volontez, dequoy le bon Vieillard témoigne estre beaucoup satisfait, comme vous pouvez voir par ces vers.

CELIE.

Ouy, je veux bien subir une si juste loy.
Mon pere disposez de mes vœux, & de moy,

Fai-

Faites quand vous voudrez signer cét himenée,
A suivre mon devoir je suis determinée:
Je pretends gourmander mes propres sentimens,
Et me soûmettre en tout à vos commandemens.

GORGIBUS.

Ah! voilà qui me plaist de parler de la sorte.
Parbleu si grande joye à l'heure me transporte,
Que mes jambes sur l'heure en cabrioleroient,
Si nous n'estions point veus de gens qui s'en riroient,
Approche-toy de moy, viens-ça que je t'embrasse,
Une belle action n'a pas mauvaise grace,
Un pere quand il veut peut sa fille baiser,
Sans que l'on ait sujet de s'en scandaliser.
Va, le contentement de te voir si-bien née
Me fera rajeunir de dix fois une année.

SCENE XIX.

CELIE, LA SUIVANTE.

Vous pourrez dans les cinq Vers qui suivent apprendre tout le sujet de cette Scene.

LA SUIVANTE.

Cê changement m'estonne.

CELIE.

Et lors que tu sçauras
Par quel motif j'agis, tu m'en estimeras.

LA SUIVANTE.

Cela pourroit bien estre.

CELIE.

Apprends donc que Lélie
A pu blesser mon cœur par une perfidie,
Qu'il estoit en ces lieux sans....

LA SUIVANTE.

Mais il vient à nous.

SCENE XX.

CELIE, LELIE, LA SUIVANTE.

Dans cette Scene Lelie qui avoit fait dessein de s'en retourner, vient trouver Celie pour luy dire

un

un eternel adieu, & se plaindre de son infidelité, dans la pensée qu'il a, qu'elle est mariée à Sganarelle, lors que Celie, qui croit avoir plus de lieu de se plaindre que luy, luy reproche de son costé sa perfidie, ce qui ne donne pas un mediocre contentement à l'Auditeur, qui connoist l'innocence de l'un & de l'autre, & comme vous la connoissez aussi, je croy que ces Vers vous pourront divertir.

LELIE.

Avant que pour jamais je m'éloigne de vous,
Je veux vous reprocher au moins en cette place.

CELIE.

Quoy, me parler encor, avez-vous cette audace?

LELIE.

Il est vray qu'elle est grande & vostre choix est tel
Qu'à vous rien reprocher je serois criminel,
Vivez, vivez contente, & bravez ma memoire
Avec le digne époux qui vous comble de gloire.

CELIE.

Ouy, traistre, j'y veux vivre, & mon plus grand desir
Ce seroit que ton cœur en eust du déplaisir.

LELIE.

Qui rends donc contre moy ce couroux legitime.

CELIE.

Quoy tu fais le surpris & demande ton crime?

SCENE XXI.

CELIE, LELIE, SGANARELLE, LA SUIVANTE.

SGanarelle, qui comme vous avez veu dans la fin de la belle Scene (puis qu'elle n'a point à present d'autre nom dans Paris) a pris resolution de se vanger de Lelie, vient pour cét effet dans cette Scene, armé de toutes pieces: & comme il ne l'apperçoit pas d'abord, il ne luy promet pas moins que la mort dés qu'il le recontrera. Mais comme il est de ceux qui n'exterminent leurs ennemis que quand ils sont absens, aussi-tost qu'il apperçoit Lelie, bien loin de luy passer l'espée au travers du corps, il ne luy fait que des

des reverences & puis se retirant à cartier, il s'excite à faire quelq; effort genereux, & à le tüer par derriere : & se mettant apres en colere contre luy-mesme de ceque sa poltronnerie ne luy permet pas seulement de le regarder entre deux yeux, il se punit luy-mesme de sa lascheté, par les coups & les soufflets qu'il se donne, & l'on peut dire, que quoy que bien souvẽt l'on ait veu des Scenes semblables, Sganarelle sçait si bien animer cette action, qu'elle paroist nouvelle au theatre. Cependant que Sganarelle se tourmente ainsi luy-mesme, Celie & son Amant n'ont pas moins d'inquietude que luy, & ne se reprochent que par des regards enflammez de courroux, leur infidelité imaginaire, la colere quand elle est montée jusqu'à l'excez, ne nous laissant pour l'ordinaire que le pouvoir de dire peu de paroles. Celie est la premiere qui à la veuë de Sganarelle, dit à son Amant, de jetter les yeux sur luy, & qu'il verra dequoy le faire ressouvenir de son crime; mais comment y trouveroit-il dequoy le confondre, puisque c'est par là qu'il pretend la confondre elle-mesme. Il se passe encore quantité de choses dans cette Scene qui confirment les soupçons de l'un & de l'autre; mais de peur de vous ennuyer trop long-temps par ma prose j'ay recours aux vers que voicy, pour vous les expliquer.

SGANARELLE *entre armé.*

Guerre, guerre mortelle à ce larron d'honneur,
Qui sans misericorde à soüillé nôtre honneur.

CELIE *à Lelie.*

Tourne, tourne les yeux sans me faire répondre.

LELIE.

Ah! je voy .....

CELIE.

Cet obiet suffit pour te confondre.

LELIE.

Mais pour vous obliger bien plustost à rougir.

SGANARELLE.

Ma colere à present est en estat d'agir,
Dessus ses grands chevaux est monté mon courage,
Et si je le rencontre on verra du carnage,

Ouy

Ouy j'ay juré sa mort, rien ne peut l'empécher,
Où je le trouveray, je le veux dépescher,
Au beau milieu du cœur il faut que je luy donne.

LELIE.

A qui donc en veut-on?

SGANARELLE.

Je n'en veux à personne.

LELIE.

Pourquoy ces armes là?

SGANARELLE.

C'est un habillement,
Que j'ay pris pour la pluye.

à part.

Ah! quel contentement
J'aurois à le tüer, prenons-en le courage.

LELIE.

Hay!

SGANARELLE *se donnant des coups de poings sur l'estomach & des soufflets pour s'exciter.*

à part.

Je ne parle pas. Ah! poltron dont j'enrage,
Lasche, vray cœur de poule.

CELIE.

Il t'en doit dire assez,
Cet object dont tes yeux nous paroissent blessez.

LELIE.

Ouy je connoy par là que vous estes coupable
De l'infidelité la plus inexcusable,
Qui jamais d'un amant puisse outrager la foy.

SGANARELLE *à part.*

Que n'ay-je un peu de cœur!

CELIE.

Ah! cesse devant moy
Traistre, de ce discours l'insolence cruelle.

SGANARELLE.

Sganarelle, tu vois quelle prend ta querelle,
Courage mon enfant, sois un peu vigoureux,
Là, hardy, tache à faire un effort genereux,
En le tüant, tandis qu'il tourne le derriere.

LE-

LELIE faisant deux ou trois pas sans dés-sein, fait retourner Sganarelle qui s'approchoit pour le tuër.

Puis qu'un pareil discours émeut vostre colere,
Je doy de vostre cœur me montrer satisfait,
Et l'applaudir icy du beau choix qu'il a fait.

CELIE.

Ouy, mon choix est tel qu'on n'y peut rien pretendre.

LELIE.

Allez, vous faites bien de le vouloir deffendre.

SGANARELLE.

Sans doute elle fait bien de deffendre mes droits:
Cette action, Monsieur, n'est point selon les loix.
J'ay raison de m'en plaindre, & si je n'estois sage,
On verroit arriver un estrange carnage.

LELIE.

D'ou vous naist cette plainte, & quel chagrin brutal...

SGANARELLE.

Suffit, vous sçavez bien où le bois me fait mal;
Mais vostre conscience & le soin de vostre ame
Vous devroient mettre aux jeux que ma Femme est ma femme.
Et vouloir à ma barbe en faire vostre bien,
Que ce n'est pas du tout agir en bon chrestien.

LELIE.

Un semblable soupçon est bas & ridicule,
Allez, dessus ce point n'ayez aucun scrupule,
Je sçay qu'elle est à vous, & bien loin de brûler.

CELIE.

Ah! qu'icy tu sçais bien, traistre, dissimuler.

LELIE.

Quoy me soupçonnez-vous d'avoir une pensée
De qui son ame ait lieu de se croire offencée,
De cette lascheté voulez-vous me noircir?

CELIE.

Parle, parle à luy-méme, il pourra t'éclaircir.

SGANARELLE.

Vous me deffendez mieux que je ne sçaurois faire;
Et du biais qu'il faut vous prenez cette affaire.

SCE-

SCENE XXII.

CELIE, LELIE, SGANARELLE, SA FEMME, LA SUIVANTE.

DAns la quatriesme Scene de cette Pieçe, la femme de Sganarelle, qui avoit pris de la jalousie, en voyant Celie entre les bras de son Mary, vient pour luy faire des reproches (ce qui fait voir la merveilleuse conduitte de cét ouvrage) jugez de la beauté qu'un agreable mal entendu produit dans cette Scene, Sganarelle croit que sa femme vient pour deffendre son Galand, sa Femme croit qu'il ayme Celie, Celie croit qu'elle vient ingenuëment se plaindre d'elle a cause qu'elle est avec Lelie & luy en fait des reproches, & Lelie enfin ne sçait ce qu'on luy vient conter, & croit toûjours que Celie a espousé Sganarelle. Quoy que cette Scene donne un plaisir incroyable à l'auditeur, elle ne peut pas durer plus long temps sans trop de confusion, & je gage que vous souhaittez desia de voir comment toutes ces personnes sortiront de l'embarras où ils se rencontrent; mais je vous le donnerois bien à deviner en quatre coups sans que vous en pussiez venir à bout. Peut-estre vous persuadez-vous qu'il va venir quelqu'un qui sans y penser luy-mesme les tirera de leur erreur, peut-estre croyez-vous aussi qu'à force de s'animer les uns contre les autres, quelqu'un venant à se justifier, leur fera voir à tous qu'ils s'abusent. Mais ce n'est point tout cela, & l'autheur s'est servy d'un moyen dont personne ne s'est jamais advisé, & que vous pourrez sçavoir si vous lisez les vers de cette Scene.

LA FEMME de Sganarelle à Celie.

Je ne suis point d'humeur à vouloir contre vous
Faire éclatter Madame un esprit trop jaloux;
Mais je ne suis point dupe & voy ce qui se passe,
Il est de certains feux de fort mauvaise grace,
Et vostre ame devroit prendre un meilleur employ,
Que de seduire un cœur qui doit n'estre qu'à moy.

CELIE.

La declaration est assez ingenuë,

SGA-

SGANARELLE *à sa femme.*

L'on ne demandoit pas carogne, ta venuë,
Tu la viens quereller lors qu'elle me deffend,
Et tu tremble de peur qu'on t'oste ton galand.

CELIE.

Allez, ne croyez pas que l'on en ait envie.

Se tournant vers Lelie.

Tu vois si c'est mensonge & j'en suis fort ravie.

LELIE.

Que me veut-on conter?

LA SUIVANTE.

Ma foy je ne sçay pas,
Quand on verra finir ce galimatias:
Desia depuis long-temps je tasche à le comprendre,
Et si plus je l'escoute, & moins je puis l'entendre,
Je voy bien à la fin que je m'en doy mesler.

Allant se mettre entre Lelie & sa Maistresse.

Respondez-moy par ordre & me laissez parler.

A Lelie.

Vous, qu'est-ce qu'à sõ cœur peut reprocher le vostre?

LELIE.

Que l'infidelle a pû me quitter pour un autre,
Que lors que sur le bruit de son hymen fatal,
J'accours tout transporté d'un amour sans égal,
Dont l'ardeur resistoit à se croire oubliée,
Mon abord en ces lieux la trouve mariée.

LA SUIVANTE.

Mariée, à qui donc?

LELIE *montrant Sganarelle.*

A luy.

LA SUIVANTE.

Comment a luy!

LELIE.

Oüy da.

LA SUIVANTE.

Qui vous l'a dit?

LELIE,

C'est luy-méme aujourd'huy.

LA SUIVANTE *à Sganarelle.*

Est-il vray?

SGA.

SGANARELLE.

Moy, j'ay dit que c'estoit à ma femme
Que j'estois marie.

LELIE.

Dans un grand trouble d'ame
Tantost de mon portraict je vous ay veu saisi.

SGANARELLE.

Il est vray, le voilà.

LELIE.

Vous m'avez dit aussi,
Que celle aux mains de qui vous aviez pris ce gage,
Estoit liée à vous des nœuds du mariage.

SGANARELLE *montrant sa femme.*

Sans doute, & je l'avois de ses mains arraché,
Et n'eusse pas sans luy découvert sont peché.

LA FEMME *de Sganarelle.*

Que me viens-tu conter par ta plainte importune,
Je l'avois sous mes pieds rencontré par fortune,
Et méme quant apres ton injuste courroux.

Montrant Lelie.

J'ay fait dans sa foiblesse entrer Monsieur chez nous,
Je n'ay pas reconnu les traits de sa peinture.

CELIE.

C'est moy qui du portraict ay causé l'aventure,
Et je l'ay laissé cheoir en cette pamaison,

A Sganarelle.

Qui m'a fait par vos soins remettre à la maison.

LA SUIVANTE.

Vous voyez que sans moy vous y seriez encore
Et vous aviez besoin de mon peu d'Elebore

SGANARELLE.

Prendrons-nous tout cecy pour de l'argent contant,
Mon front l'a sur mon ame eu bien chaude pourtant,

SA FEMME.

Ma crainte toutefois n'est pas trop dissipée,
Et doux que soit le mal je crains d'estre trompée.

SGANARELLE.

Hé! mutuellement croyons-nous gens de bien,
Je risque plus du mien que tu ne fais du tien;
Accepte sans façon le marché qu'on propose.

SA

SA FEMME.

Soit, mais garde le bois si j'apprends quelque chose.

CELIE à Lelie, apres avoir parlé bas ensemble.

Ah! Dieux, s'il est ainsi, qu'est-ce donc que j'ay fait;
Je doy de mon courroux apprehender l'effect.
Ouy, vous croyant sans foy j'ay pris pour ma vengeance
Le malheureux secours de mon obeïssance,
Et depuis un moment mon cœur vient d'accepter
Un hymen que tousiours j'eus lieu de rebuter,
J'ay promis à mon pere & ce qui me desole......
Mais je le voy venir.

LELIE.

Il me tiendra parole.

SCENE XXIII.

CELIE, LELIE, GORGIBUS, SGANARELLE, SA FEMME, LA SUIVANTE.

Lelie dans cette Scene demande l'effect de sa parole à Gorgibus, Gorgibus luy refuse sa Fille, & Celie ne se résout qu'à peine d'obeïr à son Pere, comme vous pouvez voir en lisant.

LELIE.

Monsieur, vous me voyez en ces lieux de retour,
Bruslant des mesmes feux, & mon ardente amour
Verra comme je croy la promesse accomplie,
Qui me donna l'espoir de l'hymen de Celie,

GORGIBUS.

Monsieur, que je revois en ces lieux de retour,
Bruslant des mesmes feux, & dont l'ardente amour
Verra que vous croyez la promesse accomplie,
Qui vous donna l'espoir de l'hymen de Celie,
Tres-humble serviteur à vostre Seigneurie.

LELIE.

Quoy, Monsieur, est-ce ainsi qu'on trahit mon espoir?

GORGIBUS.

Ouy Monsieur, c'est ainsi que je fay mon devoir,
Ma fille en suit les loix.

CELIE. Mon devoir m'interesse,

Mon

Mon pere à dégager vers luy vostre promesse.

GORGIBUS.

Est-ce répondre en fille à mes commandemens ?
Tu te démens bien-tost de tes bons sentimens,
Pour Valere tantost, mais j'apperçoy son pere
Il vient asseurément pour conclure l'affaire,

SCENE DERNIERE.

CELIE, LELIE, GORGIBUS, SGANARELLE, SA FEMME, VILLEBREQUIN, LA SUIVANTE.

LA joye que Celie avoit euë, en apprenant que son amant ne luy estoit pas infidelle, eust esté de courte durée, si le pere de Valere ne fut pas venu à temps pour les retirer tous deux de peine. Vous pourrez voir dans le reste des vers de cette Pieçe, que voicy le suiet qui le fait venir.

GORGIBUS.

Qui vous amene icy, Seigneur Villebrequin.

VILLEBREQUIN.

Un secret important que j'ay sçeu ce matin,
Qui romp absolument ma parole donnée ;
Mon fils dont vostre fille acceptoit l'hymenée,
Sous des liens cachez trompans les yeux de tous,
Vist depuis quatre mois avec Lise en espoux,
Et comme des parens le bien & la naissance,
M'ostent tout le pouvoir d'en casser l'alliance,
Je vous viens....

GORGIBUS.

Brisons là, si sans vostre congé
Valere, vostre fils, ailleurs s'est engagé,
Je ne vous puis celer que ma fille Celie,
Dés long-temps par moy-mesme est promise à Lelie,
Et que riche en vertus son retour aujourd'huy
M'empéche d'agréer un autre époux que luy.

VILLEBREQUIN.

Un tel choix me plaist fort.

LELIE. Et cette juste envie

D'un

D'un bonheur eternel va couronner ma vie.

GORGIBUS.

Allons choisir le jour pour se donner la foy.

SGANARELLE.

A-t'on mieux cru jamais estre Cocu que moy,
Vous voyez qu'en ce fait la plus forte apparence
Peut jetter dans l'esprit une fausse creance :
De cet exemple cy ressouvenez-vous bien,
Et quand vous verriez tout, ne croyez jamais rien.

Sans mentir, Monsieur, vous me devés estre bien obligé de tant de belles choses, que je vous envoye, & tous les melons de vostre jardin ne sont pas suffisans pour me payer de la peine d'avoir retenu pour l'amour de vous toute cette Piece par cœur ; mais j'obliois de vous dire une chose à l'avantage de son Autheur, qui est, que comme je n'ay eu cette Piece, que je vous envoye, que par effort de memoire, il peut s'y estre coulé quantité de mots les uns pour les autres, bien qu'ils signifient la mesme chose, & comme ceux de l'Autheur peuvent estre plus significatifs, je vous prie de m'imputer toutes les fautes de cette nature que vous y trouverez, & je vous conjure avec tous les curieux de France de venir voir representer cette Piece, comme un des plus beaux Ouvrages, & un des mieux joüez, qui ait jamais paru sur la Scene.

FIN.

www.ingramcontent.com/pod-product-compliance
Lightning Source LLC
LaVergne TN
LVHW010005230826
846092LV00002B/656